PRIMERO, LO PRIMERO

Hacia una gestión optimizada del tiempo

Resumen y análisis
de la obra de Stephen R. Covey

Por Alice Sanna

Traducido por Laura Bernal Martín

UNA LECTURA INDISPENSABLE PARA GESTIONAR MEJOR NUESTRO TIEMPO

Si a partir de ahora te tomas unos minutos para pensar en tu forma de gestionar tu tiempo, tanto a nivel profesional como personal, ¿qué sacas en claro? ¿Estás satisfecho? ¿Estás seguro de que le dedicas el tiempo suficiente a las actividades más importantes para ti? En resumen, ¿eres capaz de hacer primero lo primero?

En la frenética vida que nos impone la época en que vivimos, resulta cada vez más difícil alcanzar nuestros objetivos profesionales y personales del día a día. A menudo estamos sometidos a horarios laborales que no nos permiten dedicarle el tiempo que desearíamos a nuestras pasiones, a nuestra familia o a nuestra vida social. Si no tenemos cuidado, esto puede convertirnos en personas frustradas e insatisfechas que se sienten culpables por no haberle podido dejar espacio suficiente a lo que realmente desean, y ello a pesar del enorme esfuerzo desplegado y el valioso tiempo dedicado a planificar y a crear tablas y listas detalladas. Pero entonces, ¿cuál es la solución? ¿Cuál es el secreto de una vida más rica y satisfactoria?

El autor del superventas internacional *Los siete hábitos de la gente altamente efectiva*, Stephen R. Covey, nos responde junto con otras dos personalidades de renombre en el ámbito de la gestión y del desarrollo personal con *Primero, lo primero*, que también ha vendido millones de ejemplares. En su obra, nos invitan a reflexionar sobre estas preguntas y, gracias a una teoría basada en la jerarquización de las prioridades, a gestionar mejor nuestro tiempo. Descubre así la diferencia entre lo que llaman el «reloj» exterior, impuesto por la sociedad y el mundo del trabajo, y la «brújula» interior, que da el poder de vivir de acuerdo con nuestros valores, principios y prioridades.

DATOS PRINCIPALES

- **¿Edición de referencia?** Covey, Stephen R., A. Roger Merrill y Rebecca R. Merrill. 1999. *Primero, lo primero*. Traducido por Alejandra Bolanca y Adolfo Negrotto. Barcelona: Ediciones Paidós Ibérica.
- **¿Primera edición?** 1994.
- **¿Autores?**
  - Stephen R. Covey (autor y hombre de negocios, nacido el 24 de octubre de 1932 en Salt Lake City, Utah, Estados Unidos; fallecido el 16 de julio de 2012 en Idaho Falls, Idaho, Estados Unidos). Es el autor principal de *Primero, lo primero*;
  - Roger Merrill (consultor y *coach* de desarrollo profesional; nacido el 2 de mayo de 1945 en Salt Lake City);
  - Rebecca R. Merrill (su mujer, muy implicada en sus reflexiones; nacida en Dallas, Texas, Estados Unidos).

- **¿Ámbito?** Gestión y desarrollo personal.
- **¿Palabras clave?**
  - Prioridad: derecho de precedencia acordado a algo (una cita, una tarea) o a alguien basándose

en su urgencia y/o importancia.

- Gestión del tiempo (*time management*): proceso de programación y de control del tiempo empleado para lograr unos objetivos o practicar unas actividades. Se trata de una de las tareas más importantes a las que se enfrentan los gestores en su día a día.

CONTEXTO

Nacimiento y estudios

Stephen R. Covey nace el 24 de octubre de 1932 en Salt Lake City, en el estado de Utah (Estados Unidos). Después de estudiar en la Universidad de Utah, obtiene un MBA (siglas en inglés para Máster en Administración y Dirección de Empresas) en Harvard seguido de un doctorado en Educación Religiosa por la Universidad de Brigham Young, en la que trabaja como profesor de Gestión y de Comportamiento Organizacional. Es admirado por su forma de dar clase, a la vez simple y poderosa, una enseñanza multidisciplinar que incluye política, filosofía, religión, economía y sociedad. En 1956 se casa con Sandra Merrill, y tienen nueve hijos.

El experto en gestión

Es el fundador y el presidente del Covey Leadership Center, que se convierte en FranklinCovey tras la fusión con Franklin Quest en 1997. Lidera una de las organizaciones de gestión más importantes del mundo y trabaja con grandes multi-nacionales. Muchas empresas y organizaciones de diversas nacionalidades (africanas, israelíes, japonesas y coreanas, entre otras) siguen sus técnicas innovadoras en materia de gestión en ámbitos tan variados como la innovación, la ges-tión de la calidad o el servicio al cliente. También son varios los dirigentes que se han visto influidos por su pensamiento, entre los que destaca Bill Clinton (presidente de Estados Unidos de 1993 a 2001, nacido en 1946).

Sus obras principales

Ya tiene un cierto renombre gracias a sus actividades profesionales como profesor, consultor familiar y consultor
organizacional, pero adquiere una verdadera fama a partir
de 1989 con la publicación de su libro *Los siete hábitos de
la gente altamente efectiva* (cuyo título original es *7 Habits
of Highly Effective People*), superventas mundial que ha
vendido más de 15 millones de ejemplares. Después ha
publicado otros libros que no han hecho más que confirmar
su éxito:

- *El liderazgo centrado en principios* (*Principle-Centered
  Leadership*), 1989;
- *Primero, lo primero* (*First Things First*), 1994;
- *Los siete hábitos de las familias altamente efectivas* (*7
  Habits of Highly Effective Families*), 1997;
- *El octavo hábito* (*The 8th Habit: From Effectiveness to
  Greatness*), 2004.

ALGUNAS CIFRAS

- *Los siete hábitos de la gente altamente efectiva* es el
  audiolibro de no-ficción más vendido de la historia, con más de un millón y medio de ejemplares.
- Los libros *El liderazgo centrado en principios*, *Los
  siete hábitos de las familias altamente efectivas* y
  El octavo hábito han vendido más de un millón de
  ejemplares cada uno.
- Las ventas del libro *Primero, lo primero* han supe-
  rado los dos millones de ejemplares.

Un mentor

Stephen R. Covey fallece a los ochenta años en Idaho. Sin embargo, sigue inspirando a millones de personas a través de sus obras, que sugieren articular nuestra existencia en torno a cuatro principios clave en todos los ámbitos:

- la seguridad interna, es decir, la confianza en nuestra identidad y en nuestra autoestima;
- la dirección, es decir, esa guía interna que permite que cada uno pueda tomar sus decisiones;
- la sensatez, es decir, el discernimiento, la comprensión del mundo y la serenidad ante ese mundo;
- el poder interior, es decir, la energía que permite avanzar, levantarse y evolucionar.

Como le gustaba repetir a sus estudiantes: «Hay tres constantes en la vida... el cambio, la elección y los principios» (Parisi 2012).

NUMEROSOS RECONOCIMIENTOS

- En 1994 recibe el International Entrepreneur of the Year Award y, en 1996, el National Entrepreneur of the Year Lifetime Achievement Award for Entrepreneurial Leadership.
- En 1996, Stephen R. Covey aparece en la lista de las veinticinco personas estadounidenses más influyentes según la revista *Time*.
- En 1999 es nombrado conferenciante del año por la National Speakers Association.

- En 2002, la revista de economía *Forbes* define la obra *Los siete hábitos de la gente altamente efectiva* como uno de los diez libros de gestión más influyentes de la historia, mientras que un estudio de la revista *Chief Executive* declara que este mismo libro es uno de los dos más influyentes del siglo XX.
- *El octavo hábito* es nombrado mejor libro de negocios del año 2005 por la página web Soundview Executive Book Summaries, un portal que propone resúmenes de obras que tratan del mundo de los negocios.
- Doce universidades distintas le otorgan a Stephen R. Covey el título de doctor *honoris causa*.

CONTEXTO Y ÁMBITO

Primero, lo primero va a contracorriente del pensamiento tradicional en términos de eficacia y gestión del tiempo. En efecto, aunque evidentemente este haya evolucionado a lo largo del tiempo, sigue estando fuertemente centrado en principios prácticos (listas de tareas, planificación y preparación), y olvida tener en cuenta a la persona que realiza las tareas.

Este es el motivo por el que *Primero, lo primero* supone en 1994 una pequeña revolución en el ámbito: la novedad de su enfoque radica en que relaciona eficacia y objetivos personales del trabajador. Aún hoy en día, la obra continúa sentando autoridad para todos los incondicionales del desarrollo personal.

PRIMERO, LO PRIMERO

RESUMEN

El libro de Covey y de sus coautores es el resultado de una profunda reflexión sobre la sociedad moderna y sobre su manera de gestionar el tiempo y lograr los objetivos. Los métodos tradicionales de esta sociedad, que apuestan más que nada por la rapidez y la capacidad para controlarlo todo, venden estas dos capacidades como indispensables para tener una vida plena tanto a nivel profesional como personal.

Los autores de esta obra no opinan lo mismo; al contrario, defienden el principio según el cual la rapidez y los atajos no llevan a una mejora de la calidad de vida. En su opinión, lo importante no es cumplir una tarea en un tiempo récord, sino más bien el interés que tiene la tarea en sí misma para la persona que la realiza. Así, la perspectiva que propone este libro es la búsqueda de una solución a los límites de los enfoques tradicionales. Aunque ofrece un análisis en profundidad de un punto de vista introspectivo y humano, nos concentraremos principalmente en los aspectos puramente organizacionales.

Tres generaciones de gestión del tiempo

Según los autores, podemos resumir el pensamiento tradicional de la gestión del tiempo en tres generaciones, cada una de las cuales se basa en los conocimientos de la anterior para mejorar su sistema:

- la primera generación se apoya en diferentes herramientas que sirven de recordatorio, como notas o listas de control, e intenta así no olvidar nada para alcanzar todos los objetivos;
- la segunda generación es la de la planificación y la preparación, y se vale de herramientas como agendas o *plannings*;
- la tercera generación privilegia la metodología de planificación, de definición de las prioridades y el control horario.

Las tres generaciones de la gestión del tiempo

	Puntos fuertes	Puntos débiles
Generación I	• Flexibilidad • Escucha atenta de las peticiones externas • Organización flexible que deja espacio para los imprevistos • Poco estrés • Seguimiento de las tareas que hay que cumplir: se tienen en cuenta todas las tareas	• Estructuración insuficiente del *planning*, que conlleva un relajamiento en el seguimiento de la agenda (citas perdidas, compromisos que no se mantienen, compromisos con otros que se ignoran u olvidan, etc.) • Confusión de las prioridades con las urgencias del momento actual, paso de una crisis a otra • Relativamente pocas realizaciones concretas
Generación II	• Definición rigurosa de los objetivos y buena planificación, lo que permite un aumento del número de proyectos culminados con éxito • Compromisos y citas respetados • Reuniones y seminarios profesionales más eficaces gracias a una mejor preparación	• Primacía del orden del día sobre el plano relacional • Definición de las prioridades según el orden del día, y no como resultado de una reflexión global sobre los objetivos • Tendencia a priorizar las tareas que más nos satisfacen y no las necesarias • Gran independencia a la hora de pensar y de actuar, lo que convierte a los demás en obstáculos a la hora de realizar los proyectos

Las tres generaciones de la gestión del tiempo (continuación)

	Puntos fuertes	Puntos débiles
Generación III	• Planificación y definición de las prioridades diarias • Sentido agudo de las responsabilidades y de los resultados que hay que obtener a corto, medio y largo plazo • Importancia de los valores personales, concretizados en el día a día • Búsqueda de estructura en todos los aspectos de la vida profesional y personal • Mejor gestión del tiempo y del equilibrio entre el trabajo y la vida privada • Aumento de la productividad personal y de la eficacia	• Autoconfianza exagerada, atizada por el sentimiento de que controlamos todo; se cuestiona poco • Tendencia a querer dominar incluso la organización de los demás • Acento puesto en las competencias en detrimento de la personalidad • Poca flexibilidad debido a la importancia otorgada a los horarios • Falta de perspectivas, lo que conlleva una mala estimación del tiempo necesario para cumplir ciertas tareas o un mal reparto de estas • Definición de las prioridades según las urgencias, como en la primera generación, y según los valores personales • Posible disociación entre los valores personales y los paradigmas a los que estamos sumidos en la sociedad

Cada generación tiene sus puntos fuertes y sus puntos débiles, pero las herramientas de la tercera son las que han permitido mejorar la eficacia, es decir, obtener los resultados fijados. No obstante, los autores están convencidos de que sigue habiendo una gran divergencia entre lo que realmente cuenta para las personas y lo que estas hacen. Esta brecha genera disonancias internas y, derivada de ellas, una pérdida de la eficacia.

Tanto en la esfera profesional como en la privada, *Primero, lo primero* nos ayuda a reflexionar sobre lo que es prioritario para nosotros, aquello que constituye el «norte» que guía nuestros comportamientos. Los autores señalan que, a menudo, la sociedad nos empuja a actuar en función de un «reloj» —es decir, en función de nuestros compromisos, de nuestras citas o de fechas límite y objetivos fijados por otros—, mientras que en realidad deberíamos seguir nuestra «brújula» interna: nuestros valores, nuestros principios, nuestra visión; en resumen, lo que realmente es importante para nosotros en la vida.

Como comentamos con anterioridad, el enfoque tradicional de la gestión del tiempo se basa principalmente en la voluntad de hacer lo máximo posible en un mínimo de tiempo. Así, cada una de las tres generaciones presentadas y analizadas por los autores privilegia este enfoque, aunque con herramientas distintas. Aunque la tercera parece estar bien encaminada y promete grandes logros, sus representantes siguen padeciendo un sistema de organización demasiado rígido y no lo suficientemente centrado en los recursos humanos.

La cuarta generación

De esta forma, los autores se encuentran frente a la exigencia de crear una cuarta generación que intente combinar los puntos fuertes de las tres precedentes. La definen como el producto de una revolución más que de una evolución, en la medida en que la obra modifica por completo los pilares de la gestión del tiempo, mostrándose a contracorriente de las tendencias de los años noventa y rechazando ese culto a la eficacia ciega. Presentan valiosas herramientas para organizar el tiempo en función de lo que es importante y, por tanto, prioritario, para lograr una mejor calidad de vida.

CONCEPTOS CLAVE

Importante frente a urgente

El paradigma en el que se basa esta cuarta generación es el de la importancia: para hacer primero lo primero, antes que nada hay que distinguir lo urgente de lo importante, y esto último es lo que debe privilegiarse.

La matriz de Eisenhower

- En el cuadrante I se representan las actividades que son urgentes e importantes al mismo tiempo. Se trata de tareas que hay que privilegiar, siendo conscientes de que la mayor parte de las mismas han pasado a ser urgentes porque se han ignorado durante la fase de planificación.
- El cuadrante II agrupa actividades importantes, pero no urgentes. Este es el que los autores llaman «cuadrante de la calidad» o de «liderazgo personal», para el que es necesario realizar un proceso de planificación: si no nos organizamos para avanzar poco a poco en las tareas del cuadrante II, estamos preparando una sobrecarga futura del cuadrante I. Por ello, esta es una zona fundamental a la que debemos intentar dedicarle todo el tiempo posible.
- El cuadrante III, al que los autores llaman «cuadrante de la ilusión», contiene las tareas que, debido a la urgencia, parecen importantes (llamadas telefónicas, citas imprevistas, etc.), nos quitan mucho tiempo y nos llevan a satisfacer las prioridades de los demás en detrimento de las nuestras. Así pues, los autores recomiendan distinguir bien los cuadrantes I y III: una tarea urgente no tiene por qué ser importante.
- Finalmente, el cuadrante IV es el de las tareas que, aunque no son importantes ni urgentes, nos hacen perder tiempo: entrar en Facebook, ver programas de televisión que nos atontan o charlar indefinidamente mientras nos tomamos un café en la oficina.

La gestión del tiempo semanal

La metodología de la gestión del tiempo propuesta por Covey y sus compañeros implica trabajar con un *planning* semanal, en oposición a una planificación diaria que ofrece un punto de vista muy limitado y que privilegia la urgencia y la rapidez por encima de la eficacia y la importancia. Cuando la perspectiva es semanal, cada tarea cotidiana pasa a ocupar su lugar real en relación con el resto.

Los autores proponen una metodología por etapas que nos ayudará a crear nuestra tabla semanal.

- La **primera etapa**, que desempeña un papel fundamental, consiste en entrar en contacto con nuestra visión y nuestra misión. Se trata de determinar lo que es esencial para uno mismo, ponerse una dirección general en la vida (profesional o privada). Aun si crees que ya tienes una visión clara y precisa, tómate regularmente unos minutos para recapitular y, eventualmente, para realizar ajustes sobre lo que es primordial para ti, sobre lo que da un sentido a tu vida, sobre lo que deseas ser y lo que quieres hacer con tu existencia. Para ayudarte, Covey ofrece varias ideas:
  ◦ realiza una lista con tus tres o cuatro grandes prioridades;
  ◦ reflexiona sobre tus objetivos a largo plazo;
  ◦ piensa en las relaciones que más cuentan en tu vida;
  ◦ imagina lo que podrías hacer para ser más útil;
  ◦ haz una lista con los sentimientos que te gustaría sentir durante la mayor parte de tu existencia (tranquilidad, autoconfianza, felicidad, etc.);
  ◦ contempla la manera en que ocuparías tu tiempo si solo te quedaran seis meses de vida.
- La **segunda etapa** busca identificar los papeles que te atribuyes. En efecto, cada uno de nosotros carga con va-

rios a lo largo de nuestra existencia. Veamos un ejemplo sencillo: la directora de una empresa, gestora financiera y comercial en su vida profesional, podría también ser madre y esposa en la esfera privada. Esta etapa de identificación de nuestros papeles nos permite definir nuestros objetivos y nuestros ámbitos de intervención. Sin embargo, hay que tener cuidado, porque se ha demostrado que perdemos eficacia intelectual si superamos el número de siete papeles distintos. Por tanto, hay que intentar no traspasar este umbral.

- La **tercera etapa** pretende fijar los objetivos relativos al cuadrante II: ¿qué es, para cada papel, lo más importante que puedes lograr esta semana, lo que tendría un mayor impacto positivo? Concéntrate bien en lo importante más que en lo urgente. Además, a pesar de la tentación de fijar varios objetivos por papel, es crucial limitarse a uno o dos para cada uno. Definir un número demasiado alto de objetivos conlleva el riesgo de tener un efecto contraproducente.

- La **cuarta etapa** plantea establecer un marco semanal que ayude a la toma de decisiones. Se trata de la realización concreta del *planning* de la semana. En este punto, la idea es dejar de organizar nuestro tiempo día a día en función de las «prioridades» existentes para poder, al contrario, dedicarle tiempo a las verdaderas prioridades —es decir, a los objetivos determinados en la etapa precedente, contenidos en el cuadrante II—. Establece varias tareas concretas que te permitan avanzar en la realización de tus objetivos y fija horarios para dedicarte exclusivamente a estas tareas prioritarias. Trátate con la misma consideración que tendrías hacia las peticiones de un compañero. Una vez hayas programado estas tareas relacionadas con el cuadrante II, te será fácil rellenar tu agenda con el resto.

- El objetivo de la **quinta etapa** consiste en aplicar cada día el precepto de «hacer primero lo primero» según lo planificado para la semana, a medida que los imprevistos se presentan. Sé coherente y respeta el *planning* que has fijado. Así, al principio de cada día, los autores aconsejan:
  - examinar la planificación del tiempo de la jornada;
  - jerarquizar las prioridades, comprobando que una tarea de un cuadrante concreto no se haya pasado a otro (del cuadrante II al I, por ejemplo);
  - utilizar un *planning* en T para la jornada, es decir, dividir las tareas que requieren un horario determinado y las que pueden realizarse en cualquier momento del día.
- Finalmente, la **sexta etapa** es el momento de la evaluación. Al final de la semana, con el objetivo de medir nuestras capacidades organizacionales y mejorar, es interesante plantearse las siguientes preguntas y sacar las conclusiones apropiadas:
  - De entre los objetivos que me había fijado, ¿cuáles he cumplido?
  - ¿A qué retos me he tenido que enfrentar?
  - ¿Qué decisiones he tomado?
  - ¿He hecho primero lo primero a la hora de tomar mis decisiones?

Las contribuciones de este nuevo enfoque

La cuarta generación de gestión del tiempo y de las prioridades aporta indiscutibles contribuciones al mundo de la gestión, en la medida en que proporciona una metodología que conserva la mayor parte de los puntos fuertes de las generaciones precedentes al tiempo que elimina sus puntos débiles.

Comparación con las generaciones precedentes

	Generación I	Generación II	Generación III
Puntos fuertes conservados	• Flexibilidad • Organización flexible que deja espacio para los imprevistos • Seguimiento de las tareas que hay que realizar	• Aumento del número de proyectos cumplidos con éxito gracias a la existencia de objetivos y de una planificación • Compromisos y citas respetados	• Traducción de los valores en objetivos y en acciones • Satisfacción de ciertas necesidades gracias a los objetivos fijados y a la jerarquización de las prioridades • Responsabilidad de los resultados • Mejor gestión del tiempo y del equilibro entre el trabajo y la vida privada • Aumento de la productividad personal y de la eficacia
Puntos débiles eliminados	• Preponderancia de las prioridades a muy corto plazo • Abundancia de las tareas dejadas de lado por olvido o por falta de tiempo • Repetición de situaciones de crisis debido a fallos en la planificación y en la estructura • Pocas realizaciones concretas	• Realización prioritaria de las tareas agradables • Preponderancia de las falsas prioridades, inscritas en la planificación del tiempo, sin tener en cuenta su importancia real	• Definición de las prioridades según la urgencia y los valores personales • Mediocridad en la planificación del tiempo

REPERCUSIONES

La cuarta generación imaginada por Stephen Covey y Roger y Rebecca Merrill supuso una contribución muy innovadora al mundo de la gestión en general y, más en concreto, al ámbito de la gestión del tiempo. El método de la planificación semanal se aleja con paso firme del enfoque tradicional que consistía en querer hacer cada vez más cosas y cada vez más deprisa, y crea un proceso que diferencia las actividades importantes de las tareas urgentes. Al posicionarse radicalmente en contra de las prácticas preconizadas hasta el momento, este enfoque se muestra revolucionario y coloca al individuo en el centro de la búsqueda de la productividad.

El libro, escrito de forma clara e intuitiva, obtuvo enseguida un gran éxito entre el público, sobre todo gracias a la popularización de la matriz de Eisenhower sobre la distinción entre importante y urgente, necesaria para establecer prioridades.

LÍMITES Y CRÍTICAS

El autor indio Job Anbalagan (*coach* en gestión ética, nacido en 1949) señala un límite que comparten todas las teorías de gestión, incluida la que acabamos de analizar.

Aunque está completamente de acuerdo con los principios y los pilares en los que se apoya la teoría de Stephen R. Covey, observa una debilidad en lo que se refiere a su utilidad en términos prácticos en la gestión del siglo actual. Anbalagan detecta así el lado altamente humano y ético de la obra *Primero, lo primero*, que aporta mucho a la reflexión individual en el seno de una organización, pero que no se traduce necesariamente en herramientas prácticas para las organizaciones en sí mismas.

No obstante, es importante señalar que, en su crítica, el autor indio se refiere sobre todo a organizaciones comerciales, mientras que el enfoque de Covey pretende ser más amplio.

PERSPECTIVAS SIMILARES: LA METODOLOGÍA DEL ABC DE BRIAN TRACY

Resulta útil mencionar la teoría del ABC de Brian Tracy (emprendedor y conferenciante, nacido en 1944), desarrollada en su obra *¡Tráguese ese sapo!* (*Eat that Frog!*), que también trata de la gestión del tiempo y las prioridades. Aunque Tracy se mantiene en la línea tradicional, prometiéndole al lector un plus de eficacia en un reducido espacio de tiempo, preconiza un método similar al de Covey en términos de jerarquización de las prioridades. En efecto, él también diferencia las tareas importantes de las que no tienen un verdadero valor añadido.

De forma simple y efectiva, Tracy sugiere crear cada día una lista de cosas que hay que hacer al día siguiente, clasificándolas en tres categorías —A, B o C— según la prioridad que se les otorgue. Para definir esta prioridad es necesario determinar la amplitud de las consecuencias que tendría el que esa tarea no se realizase. Así, en la categoría A se encuentran las actividades cuya no realización o cuya realización con retraso engendraría graves consecuencias para uno mismo o para la empresa. La clase B agrupa las tareas cuya no ejecución no tendría efectos demasiado graves, a pesar de ser importantes. Finalmente, el grupo C reúne todas las tareas secundarias que, dejadas de lado, no comprometerían de ninguna manera nuestra vida profesional (quedar con amigos a mediodía, tomar un café con un colega, etc.).

Estas tres categorías pueden subdividirse (A.1, A.2, etc.) si se acumulan demasiadas tareas que tienen la misma importancia. Una regla importante que hay que respetar para lograr un funcionamiento óptimo postula que ninguna tarea debe pasar de A a B: todas las tareas clasificadas en la categoría A deben realizarse de manera prioritaria. Otra regla fundamental que sostiene Tracy es que nos quedemos en la tarea A.1 hasta acabarla antes de pasar a la siguiente.

EN RESUMEN

- Stephen R. Covey, autor y profesor norteamericano, es una personalidad aclamada por su contribución en los ámbitos de la gestión y del desarrollo personal.
- En su obra *Primero, lo primero. Vivir, amar, aprender, dejar un legado*, coescrita con A. Roger y Rebecca R. Merrill, introduce una nueva generación de gestión del tiempo (la cuarta generación), que se basa en el establecimiento de prioridades en función de la importancia vital de cada tarea considerada.
- Según los autores, la rapidez y los atajos preconizados por el enfoque tradicional de la gestión del tiempo no conducen a una mejor calidad de vida. Lo importante no es la velocidad a la que realizamos las cosas, sino lo que hacemos y los motivos que nos llevan a hacerlo.
- Para hacer primero lo primero, conviene antes de nada distinguir lo urgente de lo importante, y darle prioridad a esto último.
- Una de las herramientas más innovadoras que se presentan en esta obra es el uso de la tabla semanal como ayuda a la organización y a la gestión del tiempo. Según los autores, cuando la perspectiva es semanal, las actividades diarias revelan su proporción real en relación con el resto. La creación de esta tabla se hace a través de seis etapas que ayudan a definir lo que debemos hacer primero en nuestra vida y a cumplir cada semana las tareas relacionadas con esos objetivos prioritarios.
- *Primero, lo primero* es un superventas mundial. Sin embargo, se puede criticar el hecho de que se centre dema-

siado en el individuo como humano, lo que impide que el método tenga un impacto verdaderamente práctico para las organizaciones comerciales.

¡Tu opinión nos interesa!
¡Deja un comentario en la página web de tu librería en línea,
y comparte tus favoritos en las redes sociales!

PARA IR MÁS ALLÁ

FUENTES BIBLIOGRÁFICAS

- Anbalagan, Thangasamy Job. 2013. "Analysis of Management Theory of Stephen R. Covey". *Academia. edu*. 31 de julio. Consultado el 18 de enero de 2017. http://www.academia.edu/4180156/Relevance_of_Management_Theory_of_Stephen_R_Covey_to_21st_century
- Cole, Gerald. 2004. *Management Theory and Practice*. 6.ª ed. Londres: Thomson Learning.
- Covey, Stephen R. 2003. *Los siete hábitos de la gente altamente efectiva*. Traducido por Jorge Piatigorsky. Buenos Aires: Paidós.
- Covey, Stephen R., A. Roger Merrill y Rebecca R. Merrill. 1999. *Primero, lo primero*. Traducido por Alejandra Bolanca y Adolfo Negrotto. Barcelona: Ediciones Paidós Ibérica.
- Parisi, Francisco. 2012. "Recordando a Stephen Covey". *ABC Color*. 19 de agosto. Consultado el 18 de enero de 2017. http://www.abc.com.py/edicion-impresa/suplementos/economico/recordando-a-stephen-covey-439559.html
- Tracy, Brian. 2003. *¡Tráguese ese sapo!* Traducido por Óscar Luis Molina. 5.ª ed. Barcelona: Empresa activa.

FUENTES COMPLEMENTARIAS

- Stephen R. Covey. Consultado el 18 de enero de 2017. https://www.stephencovey.com/

¡APRENDER NUNCA ANTES FUE TAN RÁPIDO!

www.en50minutos.es